AF321073

INSTRUCTION PUBLIQUE.

FACULTÉ DE DROIT DE STRASBOURG.

ACTE PUBLIC,

SUR

LE LOUAGE DES CHOSES;

SOUTENU,

A LA FACULTÉ DE DROIT DE STRASBOURG,

Le Mardi 7 Juillet 1818, à quatre heures de relevée,

POUR OBTENIR LE GRADE DE LICENCIÉ EN DROIT,

PAR

J. B. J. A. TEINTURIER,

BACHELIER EN DROIT ET ÈS LETTRES,

DE METZ (DÉP. DE LA MOSELLE).

STRASBOURG,

De l'imprimerie de LEVRAULT, impr. de la Faculté de Droit.

1818.

INSTRUCTION PUBLIQUE.

FACULTÉ DE DROIT DE STRASBOURG.

ACTE PUBLIC,

SUR

LE LOUAGE DES CHOSES;

SOUTENU,

A LA FACULTÉ DE DROIT DE STRASBOURG,

Le Mardi 7 Juillet 1818, à quatre heures de relevée,

POUR OBTENIR LE GRADE DE LICENCIÉ EN DROIT,

PAR

J. B. J. A. TEINTURIER,

BACHELIER EN DROIT ET ÈS LETTRES,

DE METZ (DÉP. DE LA MOSELLE).

STRASBOURG,

De l'imprimerie de LEVRAULT, impr. de la Faculté de Droit.

1818.

M. Hermann, Chevalier de l'Ordre royal de la Légion d'Honneur,
Doyen de la Faculté de Droit.

EXAMINATEURS:

MM. Hermann,
    Frantz,
    Thieriet de Luyton, } Professeurs.
    Bloechel. . . . . Suppléant.

La Faculté n'entend approuver ni désapprouver les opinions particulières au Candidat.

DU
LOUAGE DES CHOSES.

SECTION PREMIÈRE.

Définition, principes généraux, forme du contrat.

Il y a deux espèces de contrats de louage, celui des choses, et celui d'ouvrage ou d'industrie. (Code civil, article 1708.)

Le louage des choses, qui est l'objet de cette Dissertation, est un contrat par lequel l'une des parties s'oblige à faire jouir l'autre, d'une chose, pendant un certain temps, et moyennant un prix convenu entre elles (art. 1709).

Locatio conductio est contractus consensualis de re aliqua fruenda, vel facienda, pro certa mercede.

Le louage des choses se nomme *bail à loyer*, quand il s'agit de maisons ou d'effets mobiliers, et *bail à ferme*, s'il s'agit de biens ruraux (art. 1711).

Le contrat de louage est analogue à celui de vente, en ce que,

1.º Il est, comme la vente, un contrat du droit des gens; c'est-à-dire, qu'il est régi entièrement par les règles du droit naturel, et que le droit civil ne l'a assujetti à aucune forme (art. 1714).

2.º C'est un contrat consensuel; parfait par le seul consentement des parties;

3.º Synallagmatique ou bilatéral, car il contient des obligations réciproques;

4.° Commutatif : chacun dans le louage entend recevoir l'équivalent de ce qu'il donne.

5.° Enfin, c'est un des contrats appelés en Droit romain contrats nommés, *contractus nominati*, c'est-à-dire, dont les Décemvirs avoient parlé dans la loi des douze Tables.

Il diffère de la vente en ce que, par la vente, le vendeur se démet, en faveur de l'acheteur, de tous ses droits sur la chose vendue ; tandis que, par le louage, le locateur ne cède que l'usage d'une chose qui lui reste propre, pour un temps, et à des conditions convenus. De cette différence, les résultats principaux sont les risques et les avantages qui accompagnent la propriété, et les obligations imposées à celui qui use temporairement de la chose d'autrui, à charge de la ménager en bon père de famille et d'accomplir les conditions qui lui sont imposées.

Des choses qui sont de l'essence de ce contrat.

L'essence de ce contrat, comme celle du contrat de vente, est un objet déterminé entre les contractans, leur consentement, et le prix.

De la chose louée. Quand nous disons un objet déterminé, nous n'entendons pas, cependant, qu'il soit nécessaire que toutes ses propriétés ou ses attributs soient spécialement désignés ; il suffit que la chose soit tellement déterminée que l'on aperçoive facilement quel a été l'objet du contrat. On peut louer toutes sortes de biens, meubles ou immeubles, pourvu qu'ils soient dans le commerce et qu'ils ne se consomment pas par l'usage (art. 1713).

Du consentement. Nous observons sur le consentement, que les parties doivent être capables de contracter : ainsi les mineurs non émancipés, les interdits, les femmes mariées non autorisées de leurs maris, ne peuvent louer. Le consentement est, dans le louage, comme dans tous les autres contrats, vicié par l'erreur, le dol et la violence (art. 1109).

Du prix. Le prix, *merces*, est de l'essence du contrat de louage; car, autrement, il n'y auroit plus qu'un commodat, ou un contrat innommé. Le prix doit être sérieux et certain. *Sérieux*, c'est-à-dire, représenter suffisamment la valeur de la jouissance de la chose louée : *Si quis conduxerit nummo uno, conductio nulla est, quia et hoc donationis instar inducit* (*L.* 46, *ff. loc. cond.*). *Certain*, c'est-à-dire, consister dans une somme déterminée d'argent, ou une quotité fixe de fruits, comme dix hectolitres de blé; ou une portion déterminée des fruits de la chose louée, comme la moitié ou le quart de la récolte.

Le Droit romain vouloit en outre que le prix fût *juste;* sans quoi le locateur auroit pu se pourvoir en rescision pour lésion d'outre-moitié, ou demander un supplément de prix. Dans notre Droit, la lésion, même énorme, ne donne pas lieu à la rescision du contrat de louage ; car nos lois n'admettent pas la rescision de la vente des meubles pour lésion (art. 1674), et les fruits de la chose louée, qui sont aliénés par le contrat de louage, sont meubles.

De la forme du contrat de louage.

La loi n'a environné ce contrat d'aucune forme (article 1714). Cependant, le respect pour la propriété, la crainte d'en rendre les droits incertains, l'impossibilité de déterminer la valeur de ce contrat, et, enfin, la nécessité de prévenir une infinité de procès que l'on fonderoit sur ce contrat, le plus usité et le plus nécessaire de tous, ont déterminé le Législateur à déroger à la règle générale, qui permet la preuve testimoniale des conventions dont l'objet est au-dessous d'une valeur de 150 francs ; de sorte qu'on ne peut prouver par témoins l'existence d'un bail quelconque qui n'a pas encore reçu de commencement d'exécution. Cependant, comme en tout état de cause , le demandeur peut déférer à son adversaire le serment litis-décisoire (art. 1715).

Si la contestation n'existe que sur le prix du bail , on s'en rapporte aux quittances précédentes, s'il y en a ; et, à leur défaut, le bailleur en est cru sur son serment, si mieux n'aime le preneur faire faire une estimation par experts , à charge par lui d'en payer les frais, si l'estimation excède le prix qu'il a déclaré (art. 1716).

SECTION II.

Des obligations du locateur.

« Le locateur est obligé , par la nature du contrat, et sans qu'il « soit besoin d'aucune stipulation particulière,

« 1.º De délivrer au preneur la chose louée ;

« 2.º D'entretenir cette chose en état de servir à l'usage pour « lequel elle a été louée ;

« 3.º D'en faire jouir paisiblement le preneur pendant la durée « de la chose louée. (Art. 1719.) »

De la délivrance. La principale obligation du locateur est de délivrer au conducteur la chose louée et ses accessoires. (Art. 1719; *L.* 15, *ff. loc. cond.*) Cette délivrance doit se faire aux frais du bailleur, de même que, dans la vente, elle est à ceux du vendeur (art. 1609) ; mais, s'il s'agit d'une chose mobilière , les frais d'enlèvement sont à la charge du conducteur. Le locateur est seulement tenu de mettre le conducteur en état d'enlever la chose : par exemple, si j'avois mis en gage la chose que je vous ai louée , je serois obligé de la dégager à mes frais ; mais, alors, tout ce que pourroit coûter le transport seroit à votre charge. (POTHIER, Contrat de louage, n.º 56.) De plus, s'il y a eu un jour fixé pour la délivrance, elle doit avoir lieu au jour fixé. La chose doit être propre à l'usage pour lequel elle a été louée , et en bon état de réparations locatives. (Art. 1719.)

De l'entretien de la chose louée. Le locateur est tenu d'entretenir la chose dans un état tel qu'elle puisse servir à l'usage auquel elle est destinée.

Il est donc obligé de faire toutes les réparations, autres pourtant que celles appelées *locatives*, lesquelles sont à la charge du conducteur pendant la durée du bail (art. 1720), et que celui-ci peut même l'empêcher de faire, et le locateur devroit rembourser au conducteur les impenses que celui-ci auroit faites pour la conservation de la chose. (*L.* 55, §. 1, *ff. loc. cond.*)

De l'obligation de faire jouir. Le locateur est obligé de faire jouir paisiblement de la chose louée le conducteur pendant toute la durée du bail : par conséquent il doit non-seulement n'apporter par lui-même aucun trouble à sa jouissance, mais il doit encore le garantir de ceux qui pourroient provenir du fait d'un tiers.

Ainsi, il ne peut jamais reprendre la chose avant la fin du bail, quelque besoin qu'il puisse en avoir lui-même. L'art. 1761 du Code civil a abrogé formellement la loi *Æde* (3.ᵉ *C. de loc. et cond.*), qui portoit : *Æde; quam te conductam habere dicis..... invito te expelli non oportet, nisi propriis usibus dominus eam necessariam probaverit.*

Il ne peut changer la forme de la chose louée (art. 1723), comme, par exemple, changer une pièce de terre labourable en prairie, ou y planter un bois. Mais si, pendant la durée du bail, il est nécessaire de faire à la chose louée des réparations urgentes et qui ne puissent, sans un inconvénient notable, se différer jusqu'à la fin, le conducteur est obligé de les souffrir, quelque incommodité qu'elles lui causent, et sans pouvoir prétendre à aucune indemnité. Cependant, si ces réparations duroient plus de quarante jours, il auroit droit à une diminution sur le prix du bail, et si elles étoient de telle nature qu'elles rendissent inhabitable le logement du conducteur et de sa famille, celui-ci pourroit faire résilier le bail (art. 1724). En ceci notre législation est contraire à la loi romaine. (*V. L.* 27, *L.* 30 , *ff. loc. cond.*)

L'article 1725 du Code civil, d'accord avec la loi 12.ᵉ au Code, *de loc. et cond.*, décide que le locateur n'est point tenu de garantir le conducteur du trouble que des tiers apportent par voies de fait à sa jouissance, sans prétendre d'ailleurs aucun droit de propriété sur la chose louée. En effet, il seroit absurde de rendre le bailleur garant d'un délit qui lui est étranger et auquel il n'a point participé.

Mais, si les auteurs de ces voies de fait prétendoient quelque droit de propriété sur la chose louée, ou si le preneur étoit lui-même judiciairement cité en délaissement de tout ou de partie de cette chose, il auroit le droit d'appeler le bailleur en garantie, et devroit être mis hors de cause, s'il l'exigeoit, en indiquant aux auteurs du trouble celui pour lequel il possède (art. 1727). Il a aussi le droit d'être en ce cas déchargé d'une partie du prix du bail proportionnée au trouble, pourvu qu'il l'ait dénoncé au propriétaire (art. 1726).

Le conducteur peut encore être troublé dans sa jouissance par les vices ou défauts de la chose louée, auquel cas le locateur lui en doit garantie, et même indemnité pour les pertes qu'il auroit éprouvées par suite de ces vices ou défauts, et sans que le bailleur puisse alléguer qu'il ne les avoit pas connus lors du bail (art. 1721) : *Qui dolia vitiosa locavit, licet ignorans , tenetur in quod interest, sicut in venditis.* (*L.* 19, *ff. loc. cond.*)

Si la chose périt en tout ou en partie par la faute du locateur, il doit indemnité au conducteur, qui, dans le cas où elle ne seroit détruite qu'en partie , peut, ou faire résilier le bail, ou demander une diminution du prix (art. 1722).

SECTION III.

Des obligations du conducteur.

Le preneur est tenu de deux obligations principales ; savoir:
1.º d'user de la chose louée en bon père de famille, et 2.º de
payer le prix du bail aux termes convenus (art. 1728).

De l'obligation d'user en bon père de famille. Elle consiste
à user de la chose louée comme le feroit un père de famille
soigneux de ses affaires : *Ab eo custodia talis desideratur, qualis
diligentissimus paterfamilias rebus suis adhibet.* (§. 7, L. de
location. et conduct.)

Le conducteur est obligé d'employer la chose louée suivant la
destination qui lui a été donnée par le bail, ou suivant celle
présumée des circonstances, à défaut de convention (art. 1728).
S'il contrevenoit à cette disposition, il pourroit, suivant la gra-
vité des cas, voir son bail résilié (art. 1729). Ainsi, celui qui a
loué un cheval de selle, n'a pas le droit de l'employer à por-
ter des fardeaux : on ne peut établir une forge dans une maison
où il n'y en avoit pas auparavant.

Cependant, l'obligation de jouir en bon père de famille n'as-
sujettit pas le conducteur à jouir par lui-même : il a le droit de
sous-louer et de céder son bail, si la faculté ne lui en a pas été
interdite par la convention (art. 1717 ; *L.* 6, *C. de loc. et cond.*);
mais il est garant du fait de ses sous-locataires envers le bailleur.
(*L.* 11, *ff.*, *loc. cond.*)

Le conducteur doit rendre la chose et ses accessoires dans le
même état qu'il l'a reçue : s'il n'a pas été fait d'état des lieux, il
est censé l'avoir reçue en bon état de réparations locatives, et
doit la rendre de même (articles 1730, 1731).

Il répond des pertes et dégradations arrivées pendant sa jouissance, à moins qu'il ne prouve qu'elles ont eu lieu sans sa faute (art. 1732). Il répond aussi de l'incendie, à moins qu'il ne prouve qu'il est le résultat d'un fait qui lui est étranger et auquel il n'a pu résister (articles 1733, 1734; *L.*3, §. 1, *ff., de off. præf. vigil.*).

De l'obligation de payer le prix du bail. Le conducteur est tenu de faire ce paiement aux termes convenus (art. 1728; *L.* 2, *L.* 17, *C. de loc. et cond.*). Pour y parvenir, le locateur, outre l'action personnelle, a le droit de faire saisir-gager les meubles de son locataire (Cod. de proc. civ., art. 819, 820, 821). Pour sûreté de sa créance, il a sur le prix de ces meubles un privilége qui prime tous les autres (Cod. civil, art. 2102, et de proc. civ., art. 662).

<h2 style="text-align:center">SECTION IV.</h2>

<h3 style="text-align:center">Des différentes manières dont cesse le contrat de louage.</h3>

L'effet de ce contrat cesse,

1.° De plein droit, à l'expiration du terme pour lequel il a été stipulé, si toutefois il a été stipulé par écrit : mais, s'il n'a été fait que verbalement, il faut que l'une des parties en ait dénoncé d'avance la cessation à l'autre, conformément a l'usage des localités (articles 1736, 1737);

2.° Par le consentement mutuel des parties, sauf cependant le cas où le conducteur auroit sous-loué;

3.° Par la résolution du droit du bailleur, mais dans certains cas seulement.

Si le locateur s'est réservé le droit d'expulser le conducteur en cas de vente, l'acquéreur peut le faire, conformément à l'article

1743 ; mais à charge, par le bailleur, d'abord de prévenir le conducteur, selon la disposition de l'article 1748, et en outre de
lui payer à défaut de stipulation sur les dommages-intérêts,
savoir :

S'il s'agit d'une maison, appartement ou boutique, la moitié du
prix du loyer, pendant le temps qui, suivant l'usage des localités,
est accordé entre le congé et la sortie (art. 1745);

S'il s'agit de biens ruraux, le tiers du prix du bail pour tout le
temps qui reste à courir (art. 1746);

Enfin, s'il s'agit de manufactures, usines, ou autres établisse-
mens qui exigent de grandes avances, l'indemnité sera réglée par
experts (art. 1747).

Si le bail est authentique, ou s'il a une date certaine, le preneur ne peut être expulsé qu'après le paiement de cette indemnité;
tandis que, dans le cas contraire, l'acquéreur peut l'expulser sans
être tenu d'aucuns dommages-intérêts (art. 1750).

Le bail même qui n'a pas de date certaine ne peut être résilié,
si la vente a été faite à pacte de rachat, jusqu'à ce que, par l'expiration du délai fixé par le réméré, l'acquéreur soit devenu propriétaire incommutable (art. 1751).

La disposition du Droit romain, qui permettoit à l'acquéreur
d'expulser le preneur sans indemnité, est donc abrogée par le Code
civil. (*L. Emptorem*, 9, *C.*, *de loc. et cond.*)

Le bail fait par le mari seul des biens de sa femme, peut
être résolu aussi dans les cas prévus par l'article 1429 du Code
civil.

4.° Par la perte de la chose louée; car dès-lors le contrat de
louage ne peut plus subsister, sauf le recours du preneur contre
le bailleur, si la chose a été détruite par la faute de celui-ci
(art. 1741, 1722).

5.° Par le défaut respectif du bailleur et du preneur de remplir leurs engagemens (art. 1741). Cette disposition est fondée sur le principe que les contrats synallagmatiques contiennent toujours implicitement la clause de la condition résolutoire en cas d'inexécution des conventions (art. 1184).

La mort de l'une ou de l'autre partie ne rompt point le bail ; les héritiers sont tenus de l'exécuter (art. 172) : *Ex conducto actionem ad heredem transire palam est.* (*L.* 19, §. 8, *ff. loc. cond.*)

SECTION V.

De la tacite réconduction.

Lorsqu'à l'expiration des baux écrits le preneur reste et est laissé en possession, il s'opère un nouveau bail, appelé *tacite réconduction* (art. 1738). La tacite réconduction n'est pas la continuation de l'ancien bail, mais un bail nouveau, qui est censé être fait aux mêmes conditions que l'ancien, quant aux prix et au mode de la jouissance : *Intelligitur enim dominus, cum patitur colonum in fundo esse, ex integro allocare* (*L.* 14, *ff. loc. cond.*). Quant à la durée du nouveau bail, elle est réglée par l'article 1736, qui parle des locations faites sans écrit. Le bailleur ne peut, en conséquence, donner alors congé au preneur qu'en observant les délais prescrits par les usages locaux (art. 1738).

Mais, s'il y a eu un congé signifié, le preneur ne peut invoquer la tacite réconduction, quoiqu'il ait sa jouissance. En effet, la tacite réconduction est fondée sur le consentement présumé du locateur ; et si celui-ci a manifesté une volonté contraire, il est évident qu'un nouveau bail ne peut avoir lieu (article 1739).

En cas de réconduction tacite, la caution donnée pour le bail ne s'étend pas aux obligations qui résultent de sa prolongation (art. 1740).

L'hypothèque stipulée dans le premier bail ne s'étend pas non plus au second, parce que l'hypothèque conventionnelle ne peut résulter que d'une convention attestée par un acte authentique : en quoi notre Droit est contraire à la législation romaine. (*V. L.* 13, §. 11, *ff.*, *loc. cond.* ; art. 2127.)

FIN.